90

gute Wünsche zum Geburtstag

Viel Glück & viel Segen!

benno

1

Gottes Segen wünsche ich dir

Er erfülle deine Füße mit Tanz
und deine Arme mit Kraft.
Er erfülle dein Herz mit Liebe
und deine Augen mit Lachen.
Er erfülle deine Ohren mit Musik
und deine Nase mit Wohlgerüchen.
Er erfülle deinen Mund mit Jubel
und dein Herz mit Freude.
Er schenke dir immer neu
die Gnade der Wüste:
Stille, frisches Wasser und
neue Hoffnung.
Er gebe uns allen immer neu die Kraft,
der Hoffnung ein Gesicht zu geben.
Es segne dich der Herr.

2

Zufriedenheit wünsche ich dir

Zufrieden sein ist große Kunst,
zufrieden scheinen bloßer Dunst,
zufrieden werden großes Glück,
zufrieden bleiben Meisterstück.

Deutsches Sprichwort

3

Genieße Überraschungen, die auf dich warten

Wenn ich zur Ruhe gelangen wollte,
half es immer,
Felder, Wasser oder Blumen zu betrachten,
in ihnen fand ich eine Spur des Schöpfers.

Teresa von Ávila

4

Kraft zum Weitergehen sei dir geschenkt

Es gibt Berge,
über die man hinüber muss,
sonst geht der Weg nicht weiter.

Ludwig Thoma

5

Halte dich fest an Gott, mach's wie der Vogel,

der auch nicht aufhört zu singen,
auch wenn der Ast bricht.
Denn er weiß, dass er Flügel hat.

Johannes Bosco

6

Sei stolz auf deine Lebenskunst

Wir werden nicht älter mit den Jahren,
wir werden neuer jeden Tag.

Emily Dickinson

7

Genieße deine Zeit, sie ist dir geschenkt

Die wahre Lebensweisheit besteht darin,
im Alltäglichen das Wunderbare zu sehen.

Pearl S. Buck

8

Weisheit wünsche ich dir

Die Menschen dieser Tage suchen nicht die Weisheit, sondern das Wissen. Das Wissen gehört der Vergangenheit an, die Weisheit der Zukunft.

Indianische Weisheit

9

Bewahre deine Weitsicht

Das Älterwerden ist wie
eine Bergbesteigung: Je höher man kommt,
desto müder und kurzatmiger wird man,
aber dafür weitet sich
der Blick immer mehr.

Ingmar Bergman

10

Lust am Tun wünsch ich dir

Ich brauche Ruhe und Heiterkeit
der Umgebung und vor allem Liebe,
wenn ich arbeite.

Adalbert Stifter

11

Freu dich über jede Stunde

Freu dich über jede Stunde,
die du lebst auf dieser Welt.
Freu dich, dass die Sonne aufgeht,
und auch, dass der Regen fällt!

Unbekannt

12

Ich wünsche dir, dass dir Zeit zum Träumen bleibt

Wenn du ein Schiff bauen willst …
… lehre die Männer die Sehnsucht
nach dem weiten, endlosen Meer.

Antoine de Saint-Exupéry

13

Genieße das Tätigsein, es schenkt Erfüllung

Nicht die Art der Tätigkeit macht glücklich,
sondern die Freude
des Schaffens und Gelingens.

Carl Hilty

14

Zeit der Ruhe wünsche ich dir

Das Große geschieht so schlicht
wie das Rieseln des Wassers,
das Fließen der Luft,
das Wachsen des Getreides.

Adalbert Stifter

15

Gottes Segen begleite dich

Wie Gott durch viele lange Jahre
beschützt geführt dich bis hierher,
so bitt ich heute: Er bewahre
dir seine Gnade mehr und mehr.

16

Schöpfe Kraft aus der Natur

Die größten Wunder
gehen in der größten Stille vor sich.

Wilhelm Raabe

17

Entdecke immer wieder Neues

Aus dem dunkelsten Tag quillt plötzlich das lieblichste Licht hervor.

Johann Kaspar Lavater

18

Gönn dir Pausen

Nehmen wir uns nicht zu viel vor.
Es genügt die ruhige Suche
nach dem Guten an jedem Tag,
ohne Übertreibung und Ungeduld.

Johannes XXIII.

19

Freu dich an jedem Morgen,

dass ein neuer Tag beginnt.
Freu dich an den
Frühlingsblumen
und am kalten Winterwind.

Unbekannt

20

Genieße die Seelenruhe

Die Ruhe der Seele ist ein herrliches Ding
und die Freude an sich selbst.
Lieber Freund, wenn nur das Kleinod
nicht eben so zerbrechlich wäre,
als es schön und kostbar ist.

Johann Wolfgang von Goethe

21

Lebe deine Sehnsucht

Trenne dich nie von deinen
Illusionen und Träumen.
Wenn sie verschwunden sind,
wirst du zwar weiterexistieren,
aber aufgehört haben zu leben.

Mark Twain

22

Bewahre das Staunen

Jeder, der sich die Fähigkeit erhält,
Schönes zu erkennen,
wird nie alt werden.

Franz Kafka

23

Mach dir keine Sorgen

Sorgen sind wie Babys:
Je mehr man sie hätschelt,
desto besser gedeihen sie.

Helmut Quatlinger

24

Bleib sensibel

Glücklich machen ist das höchste Glück!
Aber auch dankbar
empfangen können ist ein Glück.

Theodor Fontane

25

Höre auf deine Seele

Das Glück wohnt nicht im Besitz
und nicht im Golde,
das Glücksgefühl ist in der Seele zu Hause.

Demokrit

26

Bleib optimistisch

Hat der Abend auch keine Sonne,
so hat er doch Sterne.

Aus Persien

27

Sei stolz auf dich

Freue dich, so viel du kannst.
Freude macht stark.

Dietrich Bonhoeffer

28

Vertrau auf deine Lebensweisheit

Herr, gib mir Kraft zu ändern, was ich
ändern kann, die Demut anzunehmen,
was sich nicht ändern lässt,
und die Weisheit,
zwischen beiden zu unterscheiden.

Altes Weisheitsgebet

29

Nimm das Leben, wie es ist

Jeder Tag ist ein kleines Leben, das heißt:
ein zu bewältigendes Angebot
und nicht ein Berg,
den wir nicht übersteigen können.

Liselotte Nold

30

Lass auch immer wieder einmal die Seele baumeln

Stille kommt von stehen.
Wer still werden will, muss stehen bleiben,
um schauen und horchen zu können.

Anselm Grün

31

Ich wünsche dir eine Melodie für jeden Tag

Nicht was wir erleben,
sondern wie wir es empfinden
macht unser Schicksal aus.

Marie Ebner-Eschenbach

32

Pflege die Liebe

Liebe kann man nicht schenken,
wenn man sie nicht hat; und man hat sie
erst, wenn man sie schenkt.

Aurelius Augustinus

33

Gott schütze dich

Er bewahre dich
vom Kopf bis zu den Füßen.
Er schenke dir seinen Frieden.

Irischer Segenswunsch

34

Nimm dir Zeit für dich

Nimm dir Zeit zu träumen –
das ist der Weg zu den Sternen.

Rainer Maria Rilke

35

Bleib offen für Überraschungen

Wer Vertrauen hat,
erlebt jeden Tag Wunder.

Epikur von Samos

36

Gott erhalte dich glücklich und gesund

Das Ziel des Menschen
ist das Glück.

Thomas von Aquin

37

Behalte die Liebe im Herzen

Da, wo die Liebe ist,
ist der Sinn des Lebens erfüllt.

Dietrich Bonhoeffer

38

Möge das Jahr gut zu dir sein,

mögen dich viele Segenswünsche erreichen,
mögest du Gemeinschaft und Freude haben,
um alle Wege des Lebens sicher zu gehen.

Irischer Segenswunsch

39

Blicke heiter auf dein Leben

Seelenruhe, Heiterkeit und Zufriedenheit
sind die Grundlagen allen Glücks,
aller Gesundheit und des langen Lebens.

Christoph Wilhelm Hufeland

40

Lass dein Herz sprechen

Kein Genuss ist vorübergehend;
denn der Eindruck, den er zurücklässt,
ist bleibend.

Johann Wolfgang von Goethe

41

Sieh immer die helle Seite

Solange man mit
Augen, Mund und Ohren neugierig ist,
trotz man dem Alter.

L. Lencester

42

Lebe in Harmonie mit dir selbst

Wer gesammelt in der Tiefe lebt,
der sieht auch die kleinen Dinge
in großen Zusammenhängen.

Edith Stein

43

Begreife dein Glück an jedem Tag

Sich glücklich fühlen können,
auch ohne Glück –
das ist Glück.

Marie von Ebner-Eschenbach

44

Geh deinen Weg gelassen und ruhig

inmitten des Lärms und der Hast dieser Zeit und erinnere dich, welcher Frieden in der Stille liegt.

Aus der Lebensregel von Baltimore

45

Geduld wünsch ich dir in jeder Angelegenheit

Der Mensch, der den Berg abtrug,
war derselbe, der anfing,
die kleinen Steine wegzutragen.

Aus China

46

Freude für jeden Tag wünsche ich dir

Das schönste Geschenk der Seele
für den Menschen
ist die Fähigkeit zur Freude.

Luc de Clapiers

47

Blicke dankbar zurück auf dein Leben

Dankbarkeit ist
das Gedächtnis
des Herzens.

Jean-Baptiste Massillon

48

Fühle dich getragen

Gott gebe dir für jeden Sturm
einen Regenbogen,
für jede Träne ein Lächeln,
für jede Sorge eine Aussicht
und eine Hilfe für jede Schwierigkeit.

Irischer Segenswunsch

49

Lebe in Hoffnung

Sei dankbar für das, was du hast;
warte auf das Übrige und sei froh,
dass du noch nicht alles hast;
es ist auch ein Vergnügen,
noch auf etwas zu hoffen.

Seneca

50

Liebe das Lebendige zuerst

Jedes Werden in der Natur,
im Menschen, in der Liebe
muss abwarten, geduldig sein,
bis seine Zeit zum Blühen kommt.

Dietrich Bonhoeffer

51

Schenke jedem Tag ein Lächeln

Sorge nicht,
wohin dich der einzelne Schritt führt:
Nur wer weit blickt,
findet sich zurecht.

Dag Hammarskjöld

52

Sei dankbar für deinen Weg

Nicht die Glücklichen sind dankbar,
es sind die Dankbaren, die glücklich sind.

Francis Bacon

53

Vergiss das Beste nicht, es ist ein Geschenk

Man benötigt nur wenig,
um ein glückliches Leben zu führen.

Marc Aurel

54

Genieße die Freude

Freude ist ein Wattenmeer,
in dem zu Zeiten der Ebbe jedermann
spazieren gehen kann.

Christian Morgenstern

55

Erfüllung wünsch ich dir

Du kannst dein Leben nicht
verlängern noch verbreitern,
nur vertiefen.

Gorch Fock

56

Ich wünsche dir Zeit, dich auch ab und an zurückzuziehen

Die Stille ist nicht
auf den Gipfeln der Berge,
der Lärm nicht
auf den Märkten der Städte;
beides ist in den Herzen der Menschen.

Laotse

57

Möge das Jahr dich mit seinen Geschenken beglücken:

mit den duftenden Blumen des Frühjahrs,
der wärmenden Sonne des Sommers,
der reichen Ernte des Herbstes.
Der Winter schenke dir
die Zeit der Stille für deine Seele.

Irischer Segenswunsch

58

Mögen die kleinen Dinge dir Kraft schenken

In den kleinsten Dingen
zeigt die Natur die
allergrößten Wunder.

Carl von Linné

59

Lach auch immer wieder über dich selbst

Selig, die über sich selbst
lachen können,
sie werden immer
Unterhaltung haben.

60

Die Engel Gottes mögen dich beschützen

Möge der Engel Gottes
immer bei dir sein,
dich schützend begleiten.

Irischer Segenswunsch

61

Gute Erinnerungen wünsche ich dir

Das Bewusstsein eines vollbrachten Lebens
und die Erinnerung vieler guter Taten
sind das größte Glück auf Erden.

Cicero

62

Lebe hier und jetzt

Genießen heißt
gebrauchen mit Freude,
nicht in der Hoffnung,
sondern in der Wirklichkeit.

Aurelius Augustinus

63

Bleib aufmerksam

Drei Pfade hat der Mensch in sich,
in denen sich sein Leben tätigt:
die Seele, den Leib und die Sinne.

Hildegard von Bingen

64

Behalte deinen Humor im Herzen

Fröhlichkeit
ist nicht die Flucht
vor der Traurigkeit,
sondern der Sieg über sie.

Gorch Fock

65

Viel Kraft wünsch ich dir für jeden Tag

Alles fügt sich und erfüllt sich,
musst es nur erwarten können
und dem Werden deines Glücks
Jahr und Felder reichlich gönnen.

Christian Morgenstern

66

Glaube an die Geheimnisse des Himmels

Schön ist, was wir sehen,
schöner, was wir erkennen,
weitaus am schönsten aber,
was wir nicht fassen können.

Niels Stensen

67

Vertraue deinem Herzen öfter denn je

Man sieht nur mit dem Herzen gut,
das Wesentliche
ist für die Augen
unsichtbar.

Antoine de Saint-Exupéry

68

Sei gut zu dir

Hoffe nicht, harre nicht,
frisch die Zeit beim Schopf gefasst!
Suche nichts, was dir gebricht,
und genieße, was du hast.

Johann Kaspar Lavater

69

Genieße die Harmonie

Es gibt Augenblicke in unserem Leben,
in denen Zeit und Raum tiefer werden
und das Gefühl des Daseins
sich unendlich ausdehnt.

Charles Baudelaire

70

Nimm jeden Tag als ein Geschenk Gottes

Ein glückliches Leben
ist der Genuss der Gegenwart,
das ewige Leben
ist die Hoffnung der Zukunft.

Ambrosius

71

Glück wünsche ich dir für alle Zeit

Glück ist eine stille Stunde,
Glück ist auch ein gutes Buch,
Glück ist Spaß in froher Runde,
Glück ist freundlicher Besuch.

Clemens Brentano

72

Vertrau deinen Erfahrungen

Das sind die Weisen,
die durch Irrtum zur Wahrheit reisen.
Die bei dem Irrtum verharren,
das sind Narren.

Friedrich Rückert

73

Genieße die Beschaulichkeit

Nicht das Vielwissen sättigt die Seele
und gibt ihr Befriedigung,
sondern das innere Schauen
und Verkosten der Dinge.

Ignatius von Loyola

74

Mach immer das Beste draus

Was der Sonnenschein
für die Blumen ist,
das sind lachende Gesichter
für die Menschen.

Joseph Addison

75

Schenke deine Erfahrungen weiter

Lasst das Heute
die Vergangenheit
mit Erinnerungen umarmen
und die Zukunft mit Sehnsucht.

Khalil Gibran

76

Finde das tägliche kleine Glück

Willst du immer weiter schweifen?
Sieh, dass Gute liegt so nah.
Lerne nur das Glück ergreifen,
denn das Glück ist immer da.

Johann Wolfgang von Goethe

77

Gott möge immer bei dir sein

Täglich eine halbe Stunde auf Gott
zu horchen, ist wichtig, außer wenn
man sehr viel zu tun hat,
dann ist eine ganze Stunde nötig.

Franz von Sales

78

Lass dich immer wieder begeistern

Wer die Gottesgabe
der Begeisterung besitzt,
der wird wohl älter,
aber nie alt.

Johann Gerhard Oncken

79

Alle Jahreszeiten wünsch ich dir,

die zärtliche Ungeduld des Frühlings,
das milde Wachstum des Sommers,
die stille Reife des Herbstes
und die Weisheit
des erhabenen Winters.

Irischer Segenswunsch

80

Bleib, wie du bist

Wünsche nicht,
etwas anderes zu sein,
als du bist, aber
versuche dies so gut
wie möglich zu sein.

Franz von Sales

81

Beklage dich nicht

Immer die kleinen Freuden aufpicken,
bis das große Glück kommt.
Und wenn es nicht kommt,
dann hat man wenigstens
die kleinen Glücke gehabt.

Theodor Fontane

82

Nimm dich nicht immer zu ernst

Der Himmel hat den Menschen
als Gegengewicht
gegen die Mühseligkeit des Lebens
drei Dinge gegeben:
die Hoffnung, den Schlaf und das Lachen.

Immanuel Kant

83

Mache Entdeckungen auf den zweiten Blick

Das Glück ist nicht in einem
ewig lachenden Himmel zu suchen,
sondern in ganz feinen Kleinigkeiten,
aus denen wir unser Leben
zurechtzimmern.

Carmen Sylva

84

Jeder Tag möge glückliche Stunden dir schenken

Glückselig kann auch der genannt werden,
der – von der Vernunft geleitet –
nichts mehr wünscht und nichts
mehr fürchtet.

Seneca

85

Ein Augenblick Besinnung an jedem Tag wünsch ich dir

Wo Stille ist und Besinnlichkeit,
ist nicht Unruhe noch Ziellosigkeit.
Wo Barmherzigkeit ist und Bescheidenheit,
ist nicht Überfluss noch Härte.

Franz von Assisi

86

Möge die Sonne in deinen Augen nie untergehen

Im Grunde des Herzens
eines jeden Winters
liegt ein Frühlingsahnen,
und hinter dem Schleier jeder Nacht
verbirgt sich ein lächelnder Morgen.

Khalil Gibran

87

Bleib offen für andere und ihre Ideen

Hoffnung ist nicht die Überzeugung,
dass etwas gut ausgeht,
sondern die Gewissheit,
dass etwas Sinn hat,
egal wie es ausgeht.

Václav Havel

88

Verständnis in vielen Situationen wünsche ich dir

Glücklich ist der Mensch,
der seinen Nächsten trägt
in seiner ganzen Gebrechlichkeit,
wie er sich wünscht,
von jenem getragen zu werden
in seiner Schwäche.

Franz von Assisi

89

Gute Entscheidungen wünsche ich dir

Wo Liebe ist und Weisheit,
ist nicht Furcht noch Ungewissheit.
Wo Geduld ist und Demut,
ist nicht Zorn noch Erregung.
Wo Armut ist und Freude,
ist nicht Gier noch Geiz.

Franz von Assisi

Der Friede sei mit dir

Der Friede sei mit dir,
mit allen, die mit dir wohnen
und dir in guten Absichten begegnen.
Der Segen sei mit dir
und die ganze Fülle dieser Nacht,
alle Tage und Nächte deines Lebens.
Gottes Licht sei mit dir.

Irischer Segenswunsch

Fotonachweis
Cover: © stock.adobe.com/Daria Minaeva, Titelei: © IrisArt/Fotolia, © Ivonne Wierink/Fotolia, S. 1: © stock.adobe.com/jakkapan, S. 2: © stock.adobe.com/magdal3ena, S. 3: © stock.adobe.com/kesipun, S. 4: © stock.adobe.com/jojjik, S. 5 & S. 78 & S. 81: © stock.adobe.com/K.-U. Häßler, S. 6: © stock.adobe.com/hakinmhan, S.7: © stock.adobe.com/batuhan toker, S. 8: © shutterstock/Boonlert Saikrajang, S. 9: © stock.adobe.com/Givaga, S. 10: © stock.adobe.com/bravissimos, S. 11: © stock.adobe.com/rcfotostock, S. 12: © stock.adobe.com/complize | M.Martins, S. 13: © stock.adobe.com/Andrea Izzotti, S. 14: © stock.adobe.com/Johanna Mühlbauer, S. 15: © stock.adobe.com/Rechitan Sorin, S. 16: © Boris Stroujko, S. 17: © stock.adobe.com/applezoomzoom, S. 18: © stock.adobe.com/Frédéric Prochasson, S. 19: © stock.adobe.com/Thaut Images, S. 20 & S. 30: © stock.adobe.com/Jenny Sturm, S. 21: © stock.adobe.com/frenta, S. 22: © stock.adobe.com/joy666, S. 23: © stock.adobe.com/Maridav, S. 24: © stock.adobe.com/Delphotostock, S. 25 & S. 31: © stock.adobe.com/peterschreiber.media, S. 26: Patryk Kosmider, S. 27: © stock.adobe.com/nataba, S. 28: © stock.adobe.com/RosyHawks, S. 29: © stock.adobe.com/smileus, S. 32: © stock.adobe.com/sarayut_sy, S. 33: © stock.adobe.com/zhao dongfang, S. 34: © shutterstock/slonme, S. 35: © shutterstock/Creative Travel Projects, S. 36: © shutterstock /Kannittha, S. 37: © stock.adobe.com/Iva, S. 38 & S. 44: © shutterstock/Feel good studio, S. 39: © shutterstock/Nikki Zalewski, S. 40: © shutterstock/Natalia Golubnycha, S. 41: © shutterstock/serkan mutan, S. 42: © shutterstock/Segen, S. 43: © shutterstock/Borka Kiss, S. 45: © shutterstock/marvelouscity, S. 46: © shutterstock/LedyX, S. 47: © shutterstock/Noheaphotos, S. 48: © shutterstock/Pavel_Klimenko, S. 49: © shutterstock/Dudarev Mikhail, S. 50: © stock.adobe.com/Kisa_Markiza, S. 51: © stock.adobe.com/Benno Hoff, S. 52: © stock.adobe.com/GIS, S. 53: © stock.adobe.com/ArTo, S. 54: © stock.adobe.com/Melinda Nagy, S. 55: © stock.adobe.com/benjaminnolte, S. 56: © stock.adobe.com/Irina Volkova, S. 57: © stock.adobe.com/altocumulus, S. 58: © stock.adobe.com/Johnny, S. 59: © stock.adobe.com/ExQuisine, S. 60: © stock.adobe.com/Nikki Zalewski, S: 61: © stock.adobe.com/Africa Studio, S. 62: © stock.adobe.com/Mny-Jhee, S. 63: © stock.adobe.com/eyetronic, S. 64: © stock.adobe.com/sergei_fish13, S. 65: © stock.adobe.com/logoboom, S. 66: © stock.adobe.com/DanBu.Berlin, S. 67: © stock.adobe.com/smallredgirl, S. 68: © stock.adobe.com/RICO, S. 69: © stock.adobe.com/New Africa, S. 70 & S. 87: © stock.adobe.com/Swetlana Wall, S. 71: © stock.adobe.com/mehmetkrc, S. 72: © stock.adobe.com/LianeM, S. 73: © stock.adobe.com/lily, S. 74: © stock.adobe.com/joda, S. 75: © stock.adobe.com/EwaStudio, S. 76: © stock.adobe.com/Dmitry Pistrov, S. 77: © stock.adobe.com/Stan, S. 79: © © stock.adobe.com/artrachen, S. 80; © stock.adobe.com/Karoline Thallhofer, S. 82: © stock.adobe.com/foto8tik, S. 83: © stock.adobe.com/Jean Kobben, S. 84: © stock.adobe.com/artfocus, S. 85: © stock.adobe.com/Fred, S. 86: © stock.adobe.com/5ph, S. 88: © stock.adobe.com/Mike Mareen, S. 89: © stock.adobe.com/Florent, S. 90: © stock.adobe.com/Tristan

Wir danken allen Rechteinhabern für die freundliche Abdruckerlaubnis. Der Verlag hat sich bemüht, alle Rechteinhaber in Erfahrung zu bringen. Für zusätzliche Hinweise sind wir dankbar.

Bibliografische Information der Deutschen Nationalbibliothek
Die Deutsche Nationalbibliothek verzeichnet diese Publikation in der Deutschen Nationalbibliografie; detaillierte bibliografische Daten sind im Internet über http://dnb.d-nb.de abrufbar.

Besuchen Sie uns im Internet:
www.st-benno.de

Gern informieren wir Sie unverbindlich und aktuell auch in unserem Newsletter zum Verlagsprogramm, zu Neuerscheinungen und Aktionen.
Einfach anmelden unter www.st-benno.de.

ISBN 978-3-7462-6074-7

Zusammenstellung: Volker Bauch, Gößnitz
Umschlaggestaltung: Ulrike Vetter, Leipzig
Gesamtherstellung: Kontext, Dresden (B)